まいにち ウォッチャーズ

小学校入試 段階別ドリル

応用編 Lv.4

難易度 ★★★★★

日本学習図書 ニチガク

はじめに

　本書は弊社の人気シリーズ「小学受験　入試カレンダー問題集」の趣旨を引き継ぐ問題集です。

　本シリーズは、お子さまの学力の伸長にあわせた段階別の編集になっています。数量・図形・記憶などのペーパーテストに出題される分野だけでなく、巧緻性の分野もカバーした、総合的なものとなっています。弊社の「ジュニアウォッチャー」「NEWウォッチャーズ」など、これまでの分野別にまとめられた問題集とは違う特徴のある内容ですから、お子さまの学力を段階的につけることができます。

　この本（「まいにちウォッチャーズ　小学校入試 段階別ドリル応用編④」）は、おもに5〜6歳児、ある程度学習積んだお子さまを対象とした内容となっています。ご家庭での学習の際には、保護者の方が問題の終わりにあるアドバイスを読んで、問題の解き方を理解し、お子さまが何度も繰り返し解き直してください。学力の強化とともに、規則正しい学習習慣が身近なものになります。この本の使い方としては、毎日少しずつ練習し、1度できた問題でも何度も復習することが理想です。繰り返し練習の過程で、お子さまが答えを覚えてしまう場合もありますが、そのような時は、4ページの一覧表を参考にして弊社の分野別問題集から最適な一冊を選んでいただき、さらなる実力アップを目指してください。

　末筆になりますが、本書が小学校受験でよい結果を得る一助となることを願っています。

日本学習図書株式会社　編集部

「まいにちウォッチャーズ　小学校入試 段階別ドリル」シリーズ

タイトル		問題の難易度	詳　細
導入編	Lv. 1	☆☆	学習のはじめの一歩となる基礎学習。1から5までの数など。
	Lv. 2	☆☆〜☆☆☆	ハサミなどの道具の使い方や、言葉では同頭音語など、範囲を広げた基礎学習。
	Lv. 3	☆☆〜☆☆☆	3〜5までの数など、導入編では比較的難しい問題も収録。
	Lv. 4	☆☆☆	季節の知識、複合問題など、導入編の学習のおさらい。
練習編	Lv. 1	☆☆☆	導入編よりも複雑で、知識と思考力を必要とする問題を収録。
	Lv. 2	☆☆☆〜☆☆☆☆	シーソー（推理）、図形の構成（図形）など、実際の試験によく出る問題の基礎学習。
	Lv. 3	☆☆☆〜☆☆☆☆	生物の成長、マナー（常識）、ブラックボックス（推理）など、応用力が必要な問題演習。
	Lv. 4	☆☆☆☆	実際の入試を想定した、練習編のおさらい。
実践編	Lv. 1	☆☆☆☆	数量の聞き取り、お話の順序など、聞く力を中心に学習します。
	Lv. 2	☆☆☆☆〜☆☆☆☆☆	これまでより少し難しい問題で、初見の問題にも対応できる思考力を身に付けます。
	Lv. 3	☆☆☆☆〜☆☆☆☆☆	図形・数量・記憶・常識分野の問題を中心に、解答方法が複雑な問題に対応する力、難しい問題を正確かつ時間内に答える力を身に付けます。
	Lv. 4	☆☆☆☆☆	重ね図形、ひも結びなど入試によく出る問題と、実践編のおさらい。
応用編	Lv.1	☆☆☆☆	要素の多い複合問題と応用力を必要とする問題で、実力をさらに強化します。
	Lv. 2	☆☆☆☆☆	Lv. 1よりも、さらに複雑で応用力の必要な問題を掲載。思考力を伸ばします。
	Lv. 3	☆☆☆☆☆	ケアレスミスや思い込みによる失敗をしないための課題演習。
	Lv. 4	☆☆☆☆☆	1レベル上の総合問題と発展問題。応用編の総まとめ。

※この表を参考にして、お子さまの学力にあわせた問題集をお選びください。

☆実力アップのための　オススメ問題集☆

・問題に取り組む中で、苦手な分野がわかったら、その分野の類似問題に取り組み、苦手をなくしましょう。

・弊社発行の「Ｊｒ・ウォッチャー」シリーズは、小学校入試で出題頻度の高い分野を細分化した問題集です。
　基礎を徹底して学べるだけでなく、苦手分野を克服するための学習にも最適です。

分野	問題	オススメ問題集
図形	問題5	Ｊｒ・ウォッチャー4「同図形探し」
	問題7	Ｊｒ・ウォッチャー8「対称」
	問題7・11	Ｊｒ・ウォッチャー35「重ね図形」
	問題4	Ｊｒ・ウォッチャー45「図形分解」
	問題6	Ｊｒ・ウォッチャー46「回転図形」
数量	問題1・3	Ｊｒ・ウォッチャー14「数える」
	問題2	Ｊｒ・ウォッチャー16「積み木」
	問題1	Ｊｒ・ウォッチャー37「選んで数える」
	問題2	Ｊｒ・ウォッチャー38「たし算・ひき算1」、39「たし算・ひき算2」
	問題3	Ｊｒ・ウォッチャー42「一対多の対応」
巧緻性	問題13・14・28	Ｊｒ・ウォッチャー23「切る・貼る・塗る」

分野	問題	オススメ問題集
記憶	問題8・26・29・31・32	Ｊｒ・ウォッチャー19「お話の記憶」
	問題24・25	Ｊｒ・ウォッチャー20「見る記憶・聴く記憶」
常識	問題16・27	Ｊｒ・ウォッチャー12「日常生活」
	問題17・19	Ｊｒ・ウォッチャー27「理科」、55「理科②」
	問題15・26	Ｊｒ・ウォッチャー34「季節」
	問題18	Ｊｒ・ウォッチャー56「マナーとルール」
言語	問題22	Ｊｒ・ウォッチャー17「言葉の音遊び」、60「言葉の音（おん）」
	問題20・21	Ｊｒ・ウォッチャー21「お話作り」
	問題23	Ｊｒ・ウォッチャー49「しりとり」
推理	問題12	Ｊｒ・ウォッチャー6「系列」
	問題8・10・30	Ｊｒ・ウォッチャー15「比較」、58「比較②」
	問題9	Ｊｒ・ウォッチャー33「シーソー」
	問題11	Ｊｒ・ウォッチャー47「座標の移動」

※オススメ問題集の分野は、内容によっては問題の出題分野と一致しないこと
　があります。

※書籍の詳細・ご注文は、弊社ＨＰ（https：//www.nichigaku.jp/）まで。

☆繰り返し練習の記録☆

- 正解、不正解にかかわらず、同じ問題を２度３度繰り返して解くことで、実力がアップします。
- 解いた日とその結果を記録して、効率のよい復習をしましょう。
- ２回目は１～３日以内に、３回目は２週間後ぐらいに繰り返すと効果的です。
- 結果の記入例：◎（よくできました）、○（できました）、△（もう少しがんばろう）

問題番号	分野	1回目		2回目		3回目	
		日にち	結果	日にち	結果	日にち	結果
問題 1	数量	/		/		/	
問題 2	数量	/		/		/	
問題 3	数量	/		/		/	
問題 4	図形	/		/		/	
問題 5	図形	/		/		/	
問題 6	図形	/		/		/	
問題 7	図形	/		/		/	
問題 8	複合	/		/		/	
問題 9	推理	/		/		/	
問題 10	推理	/		/		/	
問題 11	推理	/		/		/	
問題 12	推理	/		/		/	
問題 13	巧緻性	/		/		/	
問題 14	制作	/		/		/	
問題 15	常識	/		/		/	
問題 16	常識	/		/		/	

問題番号	分野	1回目		2回目		3回目	
		日にち	結果	日にち	結果	日にち	結果
問題 17	常識	/		/		/	
問題 18	常識	/		/		/	
問題 19	常識	/		/		/	
問題 20	言語	/		/		/	
問題 21	言語	/		/		/	
問題 22	言語	/		/		/	
問題 23	言語	/		/		/	
問題 24	記憶	/		/		/	
問題 25	記憶	/		/		/	
問題 26	記憶	/		/		/	
問題 27	常識	/		/		/	
問題 28	制作	/		/		/	
問題 29	記憶	/		/		/	
問題 30	推理	/		/		/	
問題 31	記憶	/		/		/	
問題 32	記憶	/		/		/	

※ ▮▮▮▮ の問題に、絵はありません。

この本のご使用方法

○問題を切り取り、プリント形式にしてから問題に取り組んでください。あらかじめコピーを取っておく
　と復習する際に便利です。

○保護者の方が問題文を読み上げる、または見本を見せた後、お子さまが筆記用具または口頭で解答する
　形式で進行してください。

＜難易度＞
問題の難易度を☆の数で表しています。お子さまの理解度のめやすにしてください。

＜筆記用具＞
解答に記号（○・△など）をつける場合に使用します。色の指定がない場合は、赤または黒の筆記用具を
ご使用ください。

＜準備＞
通常は切り取ったイラストのみをご用意ください。そのほかの特別な準備が必要な時は、問題ごとに指示
があります。

＜解答時間のめやす＞
その問題に割り当てられるべき時間です。かなり短く感じますが、実際の試験を参考に設定しています。
できるだけ時間内に答えるようにしてください。

＜解答＞
問題の中には、解釈によっては正答が異なる場合もあります。
当問題集では一般的な解釈による解答を掲載しています。ただし、お子さまが別の解答をした場合でも、
保護者の方に納得のいく説明ができれば正解としてください。

＜解答のポイント＞
保護者の方がお子さまに指導する際の参考としてください。

①　数 量（選んで数える）

〈問題〉この問題の絵は縦に使ってください。

　　　　それぞれの四角の中で少ないものに〇をつけてください。

〈解答時間のめやす〉各10秒

〈解答〉①サクランボ　②カエル　③傘　④アジサイ

〈解答のポイント〉

　この問題は複数の絵に描いてあるものの数を比較して少ない方を答える問題です。どの問題も10以下の数のものばかりですから、これまで小学校受験に取り組んできたお子さまなら、ひと目でどちらが少ないかはわかると思います。もしお子さまが少しでも戸惑うようであれば、まだ「数」に対する感覚が充分ではないのかもしれません。その場合は実物（おはじきなど）を使った学習を取り入れましょう。問題と同じようにそれぞれのものを違う色のおはじきに置き換え、1つずつ数えながら取っていってください。そのように具体物を手で動かすうちに受験に必要な数に対する感覚、つまり、10以下のものならひと目で「〜個あるとわかる」といった感覚が身に付いてくるはずです。

②　数 量（積み木・ひき算）

〈問題〉積み木を積みました。2つの積んだ積み木の数はいくつ違いますか。その数と同じものを右の四角から探して〇をつけてください。

〈解答時間のめやす〉2分

〈解答〉下記参照

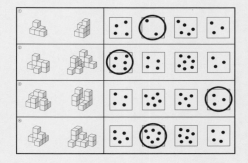

〈解答のポイント〉

　複雑な組み方をされている積み木には10以上の積み木が使われているものもあります。いくつの積み木で組まれているかをじっくり考えている暇はないので、いくつの積み木で構成されているかを瞬間的に推測しなくてはならないということになります。まず必要なのは前問でも必要とされていた「10以下のものなら〜個とわかる」という「数」に対する感覚です。次に必要なのは積み木の問題特有のイラストに描かれていない（見えない）積み木を推測する能力です。どちらも、理解するというよりは感覚を磨く、ということで伸びる能力ですから、積み木を実際に組んだり、生活の中で数を数えるといった作業を通して身に付くものと言えるでしょう。地道な努力が必要なのです。

③ 数量（1対多の対応） 難易度☆☆☆☆

〈問題〉アメ2個でせんべい1枚と交換できます。せんべい2枚でたい焼き
を1枚と交換できます。下の四角の中の組み合わせでたい焼き2枚
と交換できるのはどれですか。探して〇をつけてください。

〈筆記用具〉クーピーペン

〈解答時間のめやす〉30秒

〈解答〉下記参照

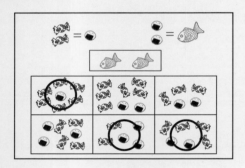

〈解答のポイント〉
たい焼き2枚と交換できる組み合わせを見つけるという、置き換え
の考えが必要になってくる数量の問題です。この問題は、1番数が
多いものに置き換えてから、解いていくという方法が一般的です。
1番数が多いものにすべて置き換えてから、それぞれの条件に沿っ
て置き換えていくと、数え間違いなどのケアレスミスが防げます。
この問題で言うならば、すべてアメに置き換え、アメをせんべい
に、せんべいをたい焼きに、というように置き換えていきましょ
う。

④ 図形（図形分解） 難易度☆☆☆☆☆

〈問題〉この問題の絵は縦に使ってください。
それぞれの段の左端の絵を作るのに使う絵を、右から2つ選んで〇
をつけてください。右の絵は、くるりと回っていることもありま
す。

〈筆記用具〉鉛筆

〈解答時間のめやす〉8分

〈解答〉下図参照

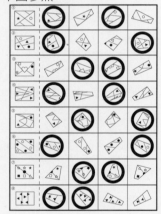

〈解答のポイント〉
図形の構成の問題です。ピースが2つの図形パズルと考えれば簡単
かもしれません。選択肢（ピース）が回転しているのでひと目で答
えはわからないでしょう。こういう場合は、ピース全体ではなく、
ピースの中に書いてある〇や▲といった記号に注目して考えます。
それが左端の見本の形のどの位置、どの向きになっているかをチェ
ックすると時間内に答えがわかります。

⑤ 図形（同図形探し）　難易度 ★☆☆☆

〈**問題**〉この問題の絵は縦に使ってください。
　　　　左の四角の服やズボンと同じものに〇をつけてください。

〈**筆記用具**〉鉛筆

〈**解答時間のめやす**〉各10秒

〈**解答**〉下図参照

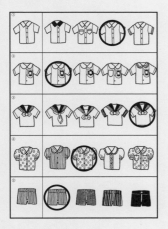

〈**解答のポイント**〉
　同図形探しの問題は、まず全体を見て明らかに違うものを取り除き、それから似ているものを比較していきましょう。その際には、それぞれの絵の特徴を捉えることがポイントとなります。この問題の場合は、服の柄やデザインの違いという細かな違いですから、少し見つけにくいかもしれません。ポケットや襟といったパーツごとに見比べた方がわかりやすいでしょう。

⑥ 図形（回転図形）　難易度 ★☆☆☆☆

〈**問題**〉この問題の絵は縦に使ってください。
　　　　左端の形を右の四角のそれぞれの形についているひし形の位置まで回すと、どのようになるでしょうか。正しいものを右の四角の中から選んで〇をつけてください。

〈**筆記用具**〉鉛筆

〈**解答時間のめやす**〉3分

〈**解答**〉下図参照

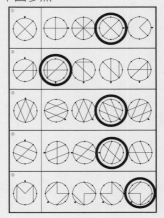

〈**解答のポイント**〉
　一般的に回転図形の問題では、四角形を回転させることが多いので、出題される図形が円になるだけで難しく感じるでしょう。しかし、解き方に変化はありません。図形の特徴的な部分を見つけ、比較するようにしましょう。円の中の形がひし形の位置まで回転するとどのようになるかと考えてください。わかりにくいようであれば、円の周囲についている1目盛りごとに、変化を考えるようにしましょう。

7 図形（対称・重ね図形）

〈**問題**〉透明な紙に書かれた右の2つの形を点線で矢印の方向に折った時、左の形と同じになるように、右の形の中の○を塗りつぶしてください。

〈**筆記用具**〉鉛筆

〈**解答時間のめやす**〉3分

〈**解答**〉下図参照

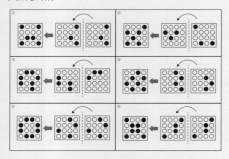

〈**解答のポイント**〉
記入式の対称・重ね図形の問題です。「折る」ということは図形が対称となり、それを「重ねる」ということで重ね図形になることを意味しています。答えを記入するので選択肢から正解を選ぶ問題と違い、自分で「〜のようになる」と、完成図をイメージしなくてはならない点が難しいかもしれません。コツは図全体が折ったらどうなるかを想像するのではなく、1つの丸が○になるか、それとも●になるかと考えることです。わかりやすくなるだけでなく、書き忘れといったケアレスミスも少なくなるでしょう。

8 複合（お話の記憶・比較）

〈**問題**〉のぼる君とひろかず君とひろ子ちゃんは貝殻を集めました。のぼる君は水中めがねをかけて海の中を探しました。ひろこちゃんは、波打ち際に落ちている貝殻を拾いました。ひろかず君もシュノーケルをつけて海の中に潜ったのですが、途中でとてもきれいな魚を見つけたので貝殻は少ししか拾いませんでした。ひろ子ちゃんの拾った貝殻は、ひろかず君より多くのぼる君より少ない数でした。貝殻を1番多く集めたのは誰ですか。その人の下の貝殻を赤色に塗ってください。

〈**筆記用具**〉色鉛筆

〈**解答時間のめやす**〉2分

〈**解答**〉左端（のぼる君）

〈**解答のポイント**〉
お話を聞いて、誰が1番多く貝殻を拾ったのか推測する問題です。この問題で難しいのは誰が1番多く拾ったかを推測するのも、文章になっているのでかなり難しいのですが、イラストに描かれているのが誰かを推測しなければならない点でしょう。そのため、誰がどのような格好をしているのかをしっかりと聞き取らないといけません。お話の内容を含め、きちんと指示を聞くことの重要さがわかる問題です。

⑨ 推 理 （シーソー）　　　　　　　　　難易度 ★☆☆☆☆

〈問題〉動物たちがシーソーで重さ比べをしています。1番重い動物に○を
つけてください。

〈解答時間のめやす〉 1分

〈解答〉 ①○：ネコ　②○：クマ

〈解答のポイント〉
シーソーの問題です。シーソーの傾きで表現されている重さの関係
から、全体の重さの順位を推理するという問題です。ここでは、4
つのシーソーから5つのものの重さの順位付けをするので、小学校
受験としてはかなり複雑な問題と言ってよいでしょう。「常にシー
ソーが傾いている（下がっている）側のものが1番重い」、逆に
「常にシーソーが傾いていない（上がっている）ものが1番軽い」
という法則（わかりづらいことがありますが）を利用して、一番重
いものと一番軽いものを仮定し、その後残ったものをシーソーを見
ながら順位付けしていく、ということになります。①では「クマ＜
ゾウ＜イヌ＜ウサギ＜ネコ」となります。注意したいのは、このよ
うに見かけの重さと問題での重さは違うということ。「クマより重
いネコ」というのはおそらく現実にはいませんが、こういうものが
問題には出てくるのです。

⑩ 推 理 （比 較）　　　　　　　　　難易度 ★☆☆☆

〈問題〉1番背の高いヒマワリに○を、1番背の低いヒマワリに△をつけて
ください。

〈筆記用具〉鉛筆

〈解答時間のめやす〉 1分

〈解答〉 ○：右端　△：左から2番目

〈解答のポイント〉
ヒマワリの高さを比較する問題です。この問題の絵はヒマワリの花
が一列に揃っているのでひと目で比較できるでしょう。ほぼないと
は思いますが、植木鉢の位置に気付かないで比較がうまくできなか
った場合はかなりの注意不足です。観察の方法を教え、集中力を養
う必要があるだけなく、基礎問題にもう一度取り組んだ方がよいか
もしれません。

〈問題〉上の段の絵を見てください。マスの上の方から下の方へ、「△」や「×」などが落ちてきます。落ちた形は、1番下から順番に溜まります。同じ形が2つ横に並んだ時、その2つは消えて、上の形がもう1度下に落ちてきます。もう1度落ちた形は、横に2つ並んでも消えません。上の段の絵は、最後にどうなりますか。下の段の絵の中から選んで〇をつけてください。

〈筆記用具〉鉛筆

〈解答時間のめやす〉2分

〈解答〉①左下　②左上　③右下

〈解答のポイント〉
図形の移動の問題です。指示に従い、記号が移動した最後の形を選ぶ問題です。複雑な指示を聞いて理解できるか、イメージの中で図形を操作することができるかなどが観られています。ルールは次の4つです。「縦の列に並んでいる記号が、1番下の段から順番に並ぶ」「同じ記号が横に隣り合ったら、その記号は消える」「消えた記号のマスに、その上のマスの記号が落ちる」。さらに「消えた記号のマスに落ちたことにより、同じ記号が隣り合っても、消えない」という注意事項があります。以上を踏まえ、「記号がすべて落ちきった形」「その中から、隣り合った記号を消した形」「記号が消えたマスに、その上の記号が落ちた形」とイメージすると、回答に近づきます。「〇」や「△」が下に落ちる様子をイメージできないようであれば、そのような記号が書いてあるカードを作って、ルール通りに動かして見せましょう。図形をイメージ上で操作することは、幼児にとってかなり難しい作業です。保護者の方は手間を惜しまず、何度もサポートするようにしましょう。

〈問題〉それぞれがあるお約束で並んでいます。四角の中にはどれが入りますか。上の段から選んで四角に描いてください。

〈筆記用具〉鉛筆

〈解答時間のめやす〉1分

〈解答〉下図参照

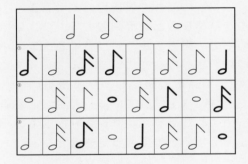

〈解答のポイント〉
この系列の問題は、並んである記号の数が少ない中から、お約束を見つけなければいけません。お約束を見つけるコツとしては、記号が長く続いている箇所を見つけることです。①ならば、3つ続いている箇所です。その並びと同じ様に左から2番目の記号から当てはめていくと、その並びが連続で続くので、この並びがお約束だとわかります。同じ記号に片手ずつ置いて、手をずらしていき、お約束を見つけるというハウツーもありますが、そのようなことを覚えても仕方ありません。今後のためにもあまり使わず「考える」ようにしましょう。

13 巧緻性

〈問題〉①こいのぼりに色を塗ってください。

②塗り終えたら、点線に沿って切ってください。

（保護者の方が切り取ったパーツをランダムに置く）

③もう1度元の形になるように、パーツを組み合わせてください。

〈筆記用具〉色鉛筆

〈解答時間のめやす〉5分

〈解答〉省略

〈解答のポイント〉

　この巧緻性の課題は色を塗ったり、紙を切ったりと基本的な作業を行いますが、塗る部分が1つひとつ細かったり、切る部分が直線だけでなく曲線を切ったりと、基本的な作業の中に、ある程度の巧緻性が必要となります。また、切り終えた後にパズルのように組み合わせるというのはやってみるとかなり難しいかもしれません。試験では時間配分も重要になってきますから、保護者の方はお子さまが全体の作業を時間内にできているかチェックしてください。

14 制作

〈準備〉布2枚（薄手のもの、色は適宜）、布と同じ大きさの色画用紙2枚、画用紙、脱脂綿、セロハンテープ、プラスチック製の赤いボール（直径2〜3センチ）2個、のり、皿状になった銀紙。

あらかじめ、問題14の絵に描いてある番号札を線に沿って切り取っておく。

〈問題〉この問題は絵を参考にしてください。

（問題14の見本のイラストを見せて）

これから皆さんに、ロールケーキを作ってもらいます。

①まず最初に布を2枚、机の上に並べます。

②その上に色画用紙をピッタリ重ねるように置きます。

③重ねたものをそのまま巻き、輪になるようにセロテープで留めてください。

④丸めた紙の隙間に綿を入れ、プラスチック製のボールを見本のイラストのように飾り付け、のりで留めてください。

⑤それでは始めてください。材料は真ん中のテーブルにありますから、自分で必要な材料を取ってください。

⑥できあがったら、銀色の紙に飾り、大きな画用紙の上に置いてください。番号の書いてある紙を点線のところで折り、作ったものの前に置いてください。

⑦番号を呼んだら、1人ずつ持ってきてください。

〈解答時間のめやす〉10分

〈解答〉省略

〈解答のポイント〉
かなり複雑な難しい制作の問題です。切る・貼る・塗るといった作業から提出の手順まで細かい指示があります。このことから、表現力や独創性を発揮するのではなく、指示を理解しその通りに実行することの方に観点があるように感じられます。小学校受験の制作の問題というのは、作品の出来の良し悪しはあまり重視していません。指示を把握することの方が大切ということです。

15 常 識（季 節）　　　　　　　　　　難易度 ☆ ☆ ☆ ☆ ☆

〈**問題**〉この問題の絵は縦に使ってください。
　　　　上の四角の絵と同じ季節のものを下の四角から見つけ出し、○をつけてください。

〈**筆記用具**〉鉛筆

〈**解答時間のめやす**〉1分

〈**解答**〉カブトムシ、風鈴、すだれ、ヒマワリ、水着、うちわ、
　　　　スイカ、扇風機

〈**解答のポイント**〉
夏のものを選ぶ常識分野の問題です。季節に関する常識は小学校受験では、多く出題されるので、知っておくことは必須でしょう。もちろん、出題されているもののほとんどがこの年齢のお子さまならば、日常生活で触れたことのあるはずのものです。もし経験がなければ、ぜひこの機会に触れてみてください。

16 常 識（日 常 生 活）　　　　　　　　難易度 ☆ ☆ ☆ ☆ ☆

〈**問題**〉絵に描かれているさまざまなものの名前と何をはかるものなのか、
　　　　答えてください。

〈**筆記用具**〉なし

〈**解答時間のめやす**〉各10秒

〈**解答**〉①身長計（背の高さを測るもの）
　　　　②メジャー（長さを測るもの）
　　　　③上皿はかり（重さを量るもの）
　　　　④温度計（温度を測るもの）
　　　　⑤定規またはものさし（長さを測るもの）
　　　　⑥台はかり（重さを量るもの）
　　　　⑦壁掛け時計（時間を計るもの）
　　　　⑧上皿てんびん（重さを量るもの）

〈**解答のポイント**〉
この問題の観点はそれぞれの道具が何を「はかる」ものなのか理解できるかどうかです。絵に描かれているものは最近あまり使われず、デジタル化されているものが多いかもしれません。小学校受験では常識分野の問題でこうした「一昔前のもの」が出題されることがあります。注意しておきましょう。

17 常識（理科）

難易度 ☆☆☆☆☆

〈問題〉左上の絵のような場所よく見られる生きものを選んで、○をつけて
　　　ください。

〈筆記用具〉鉛筆

〈解答時間のめやす〉1分

〈解答〉下図参照

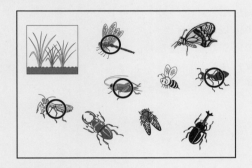

〈解答のポイント〉
生きものの特徴や生態について、その名称だけでなく生息する場
所、生まれた時の姿などの知識を持っているかどうかが問われてい
ます。本問で扱われている虫がよく見られる場所としては、草の生
えているところ、花の咲いているところ、樹木のあるところ、土や
地面のように大まかに分けられます。生きものに関する知識を広げ
るには、問題集などで出てきたものをその場で整理しながら数多く
覚え、図鑑や映像などを通して生態などの細かい知識を学び、日常
の体験からそれらを具体的なものとして記憶するというように、さ
まざまな学習で得た知識を組み合わせてください。

18 常識（マナー）

難易度 ☆☆☆

〈問題〉この絵を見て、危ないことをしている子どもに○をつけてくださ
　　　い。

〈筆記用具〉鉛筆

〈解答時間のめやす〉1分

〈解答〉柵を乗り越えている子、歩道でしゃがんでいる子、
　　　歩道でキャッチボールをしている子、自転車の2人乗り

〈解答のポイント〉
マナーに関する常識分野の問題です。ここで問われていることを間
違えてしまうようでは、お子さまの身の安全にも関わるので、保護
者の方は徹底的に指導しましょう。保護者の方が日頃の生活で危険
なことやマナーについて常に注意しておけば、お子さまも自然と心
掛けるようになります。まず、保護者の方から手本を示してあげて
ください。

19 常識（理科）

難易度 ☆☆☆☆☆

〈問題〉①②③ 1番上の段を見てください。左のものの苗（なえ）はどれですか。右から選んで、○をつけてください。同じ様に②と③も答えてください。

④ 1番下の段を見てください。この中で1番小さい生きものに、○をつけてください。

〈筆記用具〉鉛筆

〈解答時間のめやす〉3分

〈解答〉下図参照

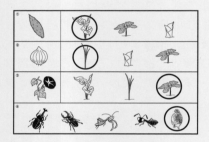

〈解答のポイント〉
どちらの問題も知識量で差が出る問題なので、お子さまが間違えても心配する必要はありません。今から学べばよいだけです。①～③の問題は植物や野菜の苗の問題です。季節や育ち方だけでなく、苗も出題される1つであるということを保護者の方は念頭に置いてください。④の問題はミジンコを知っていれば当然わかると思いますが、出題する学校はほとんどないので、消去法（ほかの選択肢は正しくないと考えて）で答えがわかっても問題ありません。

20 言語（お話作り）

難易度 ☆☆☆☆

〈問題〉この問題の絵はありません。

今日は、家族揃って遊園地に行くことになっていました。お母さんは昨日の夜遅くまでお弁当を作っていました。それなのに、雨で遊園地には行かなくなってしまいました。僕と妹が「つまらない。どこかへ行こうよ」と駄々をこねていたら、お父さんが「みんなで牧場へ行こう」と言いました。「雨が降っているのにどこへ行くの？」と僕が聞くと、「みんなで絵を描いて、この部屋を牧場らしくしよう」とお父さんが言いました。お父さんとお母さん、僕と妹のみんなで、絵を描く以外にも雰囲気をそれらしくする工夫をしました。部屋の真ん中にレジャーシートを敷いて、お弁当を並んで食べると、本当に牧場に来た気分になり、楽しくなりました。お父さんが車を運転して帰りました。とっても楽しい1日でした。僕はお父さんやお母さんは「すごいな」と思いました。

①雨が降らなければ、どこへ行くはずでしたか。お話してください。
②部屋の中を牧場らしくしました。どんな工夫をしましたか。お話してください。
③帰りは、お父さんが車を運転していました。お部屋の中でどのようにしたら車に乗っているようにみえますか。お話してください。
④なぜ、お父さんやお母さんを「すごいな」と思ったのですか。お話してください。

〈解答時間のめやす〉3分

〈解答〉省略

〈解答のポイント〉
お話作りで大切なことは、お話を聞く人にきちんと理解してもらえるかどうかです。特に「言葉」「創造性」を意識しましょう。例えば、「イスに座って、『お父さんは運転上手だね』と僕は言いました」というお話を作ったとします。そうすると「お父さん」「運転」という言葉、「イスに座るという姿勢」という表現を使っていることで、車に乗っていることがわかるというわけです。

21 言語（お話作り）

難易度 ☆☆☆☆

〈準備〉あらかじめ、絵を線に沿って切り取っておく。

〈問題〉3枚の絵と何も描かれていない四角の枠の絵があります。四角の枠の中に自分で絵を描いて、お話がつながるように並べて、そのお話を読んでください。

〈筆記用具〉色鉛筆

〈解答時間のめやす〉3分

〈解答〉省略

〈解答のポイント〉
このお話作りの問題は、前問と違って、ほかの絵を見て、それらとつながるような絵を自分で描き、1つのお話を作り上げるという問題です。当たり前のことですが、ほかの絵を見て、その内容を理解する力も必要となってきます。かなり高度なことですが、絵の登場人物の感情に注目してみると、お話が作りやすくなるかもしれません。例えば、左上の絵ではオニは泣いていますが、左下の絵ではオニは笑っています。この感情の変化は何が原因なのか、と考えてみるのです。少しはお話が作りやすくなるかもしれません。

22 言語（言葉の音遊び）

難易度 ☆☆☆☆☆

〈問題〉問題の絵を見てください。
「かける」という言葉に合った絵に○をつけてください。

〈筆記用具〉鉛筆

〈解答時間のめやす〉1分

〈解答〉○：① （めがねをかける） ④ （電話をかける）
⑥ （掃除機をかける）

〈解答のポイント〉
一口に「かける」といってもめがねや服を「かける」や電話を「かける」、掃除機やアイロンを「かける」とさまざまです。このように日本語は同じ音の言葉でも意味が異なる場合があるので、使い分けが難しいのです。これを語彙、つまりお子さまが口にして使える言葉にするには机上の学習だけではなく、ふだんの生活から意識して言葉を学んでいく必要があります。例えば「同音異義語」探しゲームをしたり、外出時に「あれは何をするもの」とたずねてみたり。さまざまな機会に触れてお子さまの言葉への興味や理解を深めるような工夫をしましょう。

23 言語（しりとり）　　　難易度 ☆☆☆☆☆

〈問題〉 「ん」で終わるしりとりをする時、使わないものに○をつけてください。

〈筆記用具〉 鉛筆

〈解答時間のめやす〉 各30秒

〈解答〉 下記参照

〈解答のポイント〉
　「しりとり」で使わないものを答える問題の場合、使わないものは先頭の文字ではつながるが、後ろの文字ではつながらないものがほとんどです。一般的なしりとりのように最初からはじめると、２つの選択肢が出てきて解答するのに困るかもしれません。テクニックの１つですが、後ろから「しりとり」をはじめると解きやすくなるでしょう。１度試してみてください。

24 記憶（見る記憶）　　　難易度 ☆☆☆☆☆

〈準備〉 あらかじめ問題24の絵を点線で切り分けておく。

〈問題〉 この問題の絵は縦に使ってください。
　　　　今から海の中の絵を見せます。よく見て覚えてください。
　　　　（①の絵を15秒見せて隠す。②の絵を手渡して）
　　　　今見た絵と違っている所がいくつかあります。そこに○をつけてください。

〈筆記用具〉 鉛筆

〈解答時間のめやす〉 １分

〈解答〉 下記参照

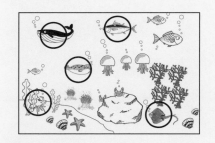

〈解答のポイント〉
　１枚絵の「見る記憶」の問題は、その絵を「全体→細部」の順で情報を整理しながら絵を観察し、覚えていきます。この絵は海の中ですから、当然、海に関係するものしか出てきません。その意味では記憶しやすいでしょう。もう１つ具体的な観察方法として、「上から下へ」「左から右へ」と方向を決めていくなど、自分なりのルールを決めておいてください。少しは覚えやすくなるはずです。

25 記憶（見る記憶）

難易度 ☆★★★★

〈問題〉この問題の絵は縦に使ってください。

（☆の絵は伏せておき、★の絵を見せる）

4階建てのマンションにいろいろな動物が住んでいます。この絵を
よく見て覚えてください。

（20秒見せて伏せ、☆の絵を見せる）

①ヘビの隣にいた動物2匹に○をつけてください。

②ネコと同じ階にいない動物3匹に○をつけてください。

③マンションの右側にいた動物4匹に○をつけてください。

④それぞれの階の真ん中にいた動物4匹に○をつけてください。

〈筆記用具〉鉛筆

〈解答時間のめやす〉1分

〈解答〉①タヌキ、カエル　②カメ、ゾウ、キツネ

③ネコ、カエル、ウサギ、キツネ

④イルカ、ヘビ、コアラ、ゾウ

〈解答のポイント〉

本問の見る記憶の問題は、絵も複雑ですが、設問もひねってありま
す。例えば①の問題、ヘビの隣の動物を答えるというものですが、
答えるにはヘビの位置だけでなく、その隣の動物の位置も記憶して
おかなければなりません。見る記憶の問題でこのように「マスに描
いてあるもの」を記憶する場合、同じ列やその隣のものが聞かれる
ことがあります。注意しておきましょう。対処法としては「○○が
〜という順番で並んでいる」ところまで注意するということです。
お子さまにはかなり大変な作業だと思いますが自分なりの工夫をし
て乗り切ってください。

26 記憶（お話の記憶）

難易度 ☆★★★★

〈問題〉この問題の絵は縦に使ってください。

昨日のことです。ウサギくん、ネコくん、クマくん、サルくん、ゾ
ウくんの5匹が木の下に集まって何か相談をしています。

クマくん「明日はどこへ遊びにいこうか。みんなで話し合って1番
多いところに決めようよ」

サルくん「ぼくは山で木登りをしたいな」

ネコくん「ぼくは山で虫捕りをしたいな」

ゾウくん「ぼくは海で魚釣りをしたい」

クマくん「ぼくは海がいいな。貝殻拾いをしたいから」

ウサギくん「ぼくも海がいい。スイカ割りをしたいんだ」

「それでは海に決まりだね」と、クマくんが言うと、「嫌だよ、ぼ
くは虫捕りをしたいんだ」と、ネコくんはわがままを言いました。
クマくんは「みんなで決めたんだから我慢しようよ」と言いまし
た。ネコくんはとても残念そうでしたが、仕方ありません。「いつ
もの木の下で待ち合わせしようか」と、クマくんが言うと、みんな
も「賛成」と言いましたが、ゾウくんは「いつも同じ木だから、明
日は違う木の下で待ち合わせしようよ」と言いました。みんなは
「うん、いいよ」と言い、すぐにクマくんも「いいよ」と言いまし
た。さて、今日はとてもいい天気になりました。みんなは朝早く、
帽子をかぶり水筒を持って木の下に集まりました。しばらくして海
に着くと、3匹は貝殻拾いを始めました。サルくんは5個、ゾウく
んは6個、クマくんは7個拾いました。2匹は砂遊びをしました。
ネコくんはトンネルを、ウサギくんはお城を作りました。最後にゾ
ウくんがカバンの中からスイカを出してきて、みんなでスイカ割り
をして遊びました。なかなかうまく割れませんでしたが、ネコくん
がとうとうスイカを見事に割ることができました。スイカを食べて
いる時1番うれしそうだったのは、スイカ割りを楽しみにしていた
ウサギくんでした。5匹は仲良くスイカを食べて、そしてみんなで
家に帰りました。

①「魚釣りがしたい」と言った動物に○をつけてください。

②わがままを言っていた動物に○をつけてください。

③海に行くときにみんなが持っていったもの2つに○をつけてください。

④サルくんが拾った貝殻の数と同じ絵に○をつけてください。

⑤砂でトンネルとお城を作った動物にそれぞれ○をつけてください。

〈筆記用具〉鉛筆

〈解答時間のめやす〉各30秒

〈解答〉下記参照

〈解答のポイント〉

「前日に相談をしていた動物たちが、海へ遊びに出かけてみんなで遊んだ」という内容です。前日から当日までの「時間の流れ」に沿って、動物たちの主張や行動が描かれるので、記憶すべき要素は決して少ないとは言えません。日頃からの読み聞かせから「○○が○○をした」ということを1つひとつ頭の中で整理していくことを繰り返していけば、主張や行動を区別するようになります。

27 常識（日常生活）　　　　難易度 ☆☆☆☆☆

〈問題〉この中で、災害に備えて準備しておくものはどれですか。○をつけてください。

〈筆記用具〉なし

〈解答時間のめやす〉30秒

〈解答〉省略

※お子さまの答えの理由に納得がいけば、正解にしてください。

〈解答のポイント〉

災害はいつ起こるのかわかりません。いつ起きても大丈夫なように、日頃から準備しておき、お子さまにその内容を伝えておきましょう。保護者の方がきちんと備えていれば、お子さまもそれを見習うはずです。ポイントは「なぜその準備をするのか」という理由もいっしょに教えることです。「持ち運びができるから」「長期保存ができるから」と理由を具体的に教えてあげてください。

28 制作

〈準備〉色画用紙8枚（赤、緑、黄色各2枚、ピンク1枚）を問題28－2
　　　の絵の通りに線を引いたもの、ハサミ、白い台紙の入れてあるクリ
　　　アファイル

〈問題〉①（問題28－2の絵を見せて）
　　　　切る色画用紙を選んで、お手本の通りになるように切って
　　　　ください。
　　　　色画用紙は点線を山折りにして、線の引いてあるところを
　　　　切ります。
　　　②お手本と同じように重ねて、台紙（白）の入っているクリ
　　　　アファイルに入れてください。

〈解答時間のめやす〉10分

〈解答〉省略

〈解答のポイント〉
　この問題は、巧緻性の分野の出題としていますが、重ね図形や図形
の展開・回転の要素を含んでいます。ペーパーテストのない学校で
も、このように図形分野の学習が活かされる場合があるので、幅広
い分野のペーパーテスト学習は無駄ではありません。入試という枠
にとらわれず、さまざまな学習に取り組みましょう。お子さまの将
来の学習に役立つだけでなく、能力を伸ばすきっかけにもなりま
す。

29 記憶（お話の記憶）

〈問題〉お話を聞いてから後の質問に答えてください。

　お庭の草木が赤や黄色に色づく季節。幼稚園では、ようこ先生と
いっしょに、だいご君と、つよし君と、たろう君と、のぞみちゃん
と、ゆいちゃんが劇遊びの出し物を何のお話にするか決めようとし
ています。最後に『桃太郎』と『浦島太郎』と『さるかに合戦』の
3つが残りました。「わたしは乙姫様の役をやりたいから『浦島太
郎』がいい」とのぞみちゃんが言います。すると、だいご君が「僕
は桃太郎をやりたいから『桃太郎』がいい」と言います。つよし君
は「僕も鬼退治の場面が好きだから『桃太郎』がいいかも」と言い
ました。たろう君は「『さるかに合戦』がいろいろな役ができてお
もしろいと思うな」と言いました。いつもおとなしいゆいちゃんは
自分の気持ちが言い出せないのか、だまったままです。のぞみちゃ
んとだいご君はいつまでたっても自分がやりたい役の良いところを
言い張っているだけで、なかなか決まりません。先生が見かねて、
「それでは、こんな風にするのはどうでしょう。これから3つのお
話の名前を順番に言いますから、劇をやりたいお話の時に手を上げ
てください。そして、1番多く手が上がったお話に決めてしまいま
しょう」と言いました。子どもたちは賛成して、そのやり方で決め
ることにしました。「それでは『浦島太郎』をやりたい人」と先生
が言うと、のぞみちゃんだけが手を上げました。「『桃太郎』をや
りたい人」と先生が言うと、だいご君とつよし君とゆいちゃんが手
を上げました。「『さるかに合戦』をやりたい人」と先生が言うと
たろう君が手を上げました。そして「それでは『浦島太郎』が1
人、『桃太郎』が3人、『さるかに合戦』が1人なので、『桃太
郎』に決めましょう」と先生が言いました。4人は拍手をして賛成
しましたが、のぞみちゃんは「お姫様が出てこないお話なら何でも
いいわ」と言って少しすねてしまいました。だいご君は「よ～し、
絶対に桃太郎の役になるぞ！」と張り切っています。つよし君は

「僕はイヌがいいかな…。でも強そうな鬼の役にしよう！」と言いました。たろう君は「それなら僕はサルにしようかな」と言いました。ゆいちゃんは小さな声で「私は鳥が好きだからキジをやろうかな…」と言いました。みんなが役についてあれこれ話し合っているとのぞみちゃんも負けじと、「私も桃太郎になって鬼をやっつけてやろうかな」と言って、おしゃべりの輪に加わってきました。劇のお話がようやく決まって、ようこ先生も安心したのか、にこにこと笑って子どもたちの様子をやさしく見守っていました。

①お話の季節はいつですか。同じ季節のものに○をつけてください。
②『浦島太郎』のお話に出てこないものに○をつけてください。
③『桃太郎』のお話に出てこないものに○をつけてください。
④『さるかに合戦』のお話に出てこないものに○をつけてください。
⑤だいご君は何の役をやりたがってましたか。○をつけてください。
⑥ゆいちゃんはどの役をやりたがっていましたか。○をつけてください。
⑦のぞみちゃんは、はじめはどの役をやりたがっていましたか。○をつけてください。
⑧『桃太郎』には何人手を上げましたか。その数だけ○を書いてください。

〈筆記用具〉鉛筆

〈解答時間のめやす〉３分

〈解答〉①左端（秋）　②右端（カキ）　③右端（一寸法師）
④右端（バナナ）　⑤左端（桃太郎）　⑥右から２番目（キジ）
⑦左から２番目（乙姫）　⑧○：３

〈解答のポイント〉
　昔話がお話に登場しているので、お話の流れに関係のない昔話そのものについての質問があります。また、お話自体も、登場人物が多く覚えづらくなっています。特に、それぞれが「何のお話の、何の役をやりたがっていたか」といったあたりは混乱しやすいので要注意です。場面をイメージしながら、お話を聞けば、自然と情報が整理されるので少しは覚えやすくなるはずでしょう。

30 推理（比較）

難易度 ☆☆☆☆☆

〈問題〉この問題の絵は縦に使ってください。
　　　①１番上の段を見てください。この中で１番長いひもを選んで、○をつけてください。
　　　②③上から２番目の段と下から２番目の段も同じように１番長いひもを選んで、○をつけてください。
　　　④１番下の段を見てください。この中で１番結び目の多いひもを選んで、○をつけてください。

〈筆記用具〉鉛筆

〈解答時間のめやす〉各20秒

〈解答〉①右端　②右端　③右から２番目　④右端

　推理分野の中でも、ひもの長さの比較は出題頻度が高い問題です。ひもは日常生活の中で、長さを意識して使うものの1つだからでしょう。②の問題は、同じ太さの筒にひもが巻かれています。ひもが周っている数が多いほど、ひもの長さが長いということです。③の問題は、筒の太さに注目します。筒が太ければ太いほど、ひもが長いということです。お子さまが間違えてしまうのであれば、実際にひもを使って、さまざまな太さの筒に巻きつけるなどの経験をさせてみましょう。

31 記憶（お話の記憶）

難易度 ☆☆☆☆☆

〈問題〉この問題の絵は縦に使ってください。
　　　　お話をよく聞いて、後の質問に答えてください。
　　　　（問題31の絵を渡す）
　　　　タロウ君の家は、左下にあります。タロウ君は、お友だちのヨシ子さんに頼まれて、ヨシ子さんの家にプリントを渡しに行くことになりました。ついでに、おじいちゃんとおばあちゃんの家に遊びに行くことにしましたが、お母さんが「おみやげを持っていくといいわ。八百屋さんでくだものでも買って、おじいちゃんとおばあちゃんと一緒に食べていらっしゃい」と言われたので、タロウ君はそうすることにしました。家を出て右に進み、2つ目の信号がある角にあるのがヨシ子さんの家です。タロウ君はヨシ子さんにプリントを渡すと、今度は八百屋さんに向かいました。いま来た道をまっすぐ進み、次の信号がある角で左に曲がり、階段をのぼったところに八百屋さんがあります。八百屋さんで、タロウ君はスイカを買いました。歩道橋がある大通りに出て左に進み、そのまままっすぐに行って、2つ目の歩道橋を渡ります。タロウ君は、歩道橋の階段をおりながら「重たくて、落っことしそう

だ。スイカじゃなくて、もっと軽いものを買えばよかったかなあ」と思いました。歩道橋を渡って、そこの角を入ると、すぐに左手におじいちゃんとおばあちゃんの家が見えてきますが、おばあちゃんが歩道橋の下まで迎えに来てくれていました。お母さんが電話で、タロウ君がおみやげを持って遊びにいくことをおばあちゃんに話しておいてくれたみたいです。タロウ君は、スイカをおばあちゃんに渡そうとしましたが、思い直して、おばあちゃんの家まで自分で持って行くことにしました。

①ヨシ子さんの家に○をつけてください。
②歩いている時に出てこなかったものに○をつけてください。
③タロウ君は、いくつ信号を通りましたか。その数だけ○をつけてください。

〈筆記用具〉鉛筆

〈解答時間のめやす〉各30秒

〈解答〉　　　①下図参照　②橋（左から2番目）　③○：3個

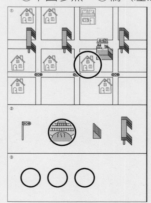

23

　「お話の記憶」の問題ですが、地図を見ながら頭の中で登場人物を動かさなければならないので少し難しく感じるかもしれません。この問題では「１つひとつ整理しながら」というよりは、地図を頼って、お話を整理するとよいでしょう。お話を聞きながら、線を引き、登場人物の進んだ方向を確認してください。

32 記憶（お話の記憶）

難易度 ☆ ☆ ☆ ☆

〈問題〉この問題の絵は縦に使ってください。

　　　お話をよく聞いて後の質問に答えてください。

　　　４人の子どもを見てください。左から、あきら君、さとし君、はな子さん、ゆみ子さんです。この４人がプールで競争をしました。あきら君はさとし君よりも速く、はな子さんはゆみ子さんよりも速く泳ぎました。さとし君はゆみ子さんより速かったのですが、はな子さんには勝てませんでした。あきら君は１着でした。では、下の台を見てください。１番速く泳いだあきら君は１番高い台にのります。速く泳いだ順に高い台の上にのっていくとすると、それぞれどの台にのればよいと思いますか。鉛筆で線を引いて結んでください。

〈筆記用具〉鉛筆

〈解答時間のめやす〉各30秒

〈解答〉下記参照

〈解答のポイント〉

　まず、それぞれの子どもの名前と姿をしっかり覚えて、お話を聞きながら、頭の中で子どもの順番を並び変えていきましょう。途中で混乱しないように、お話を聞き終えてから線を引いた方が間違えは防ぎやすいでしょう。それぞれの子どもの名前や姿だけでなく、競争の結果も覚えなければならないので、見た目以上の難しさがある問題です。

◯問題集ワンポイントアドバイス

①アドバイスを読んでから問題を始めると効果的!

②イラストページはミシン目で切り離して使いましょう!

段階別ドリル
応用編 Lv.4

問題 1

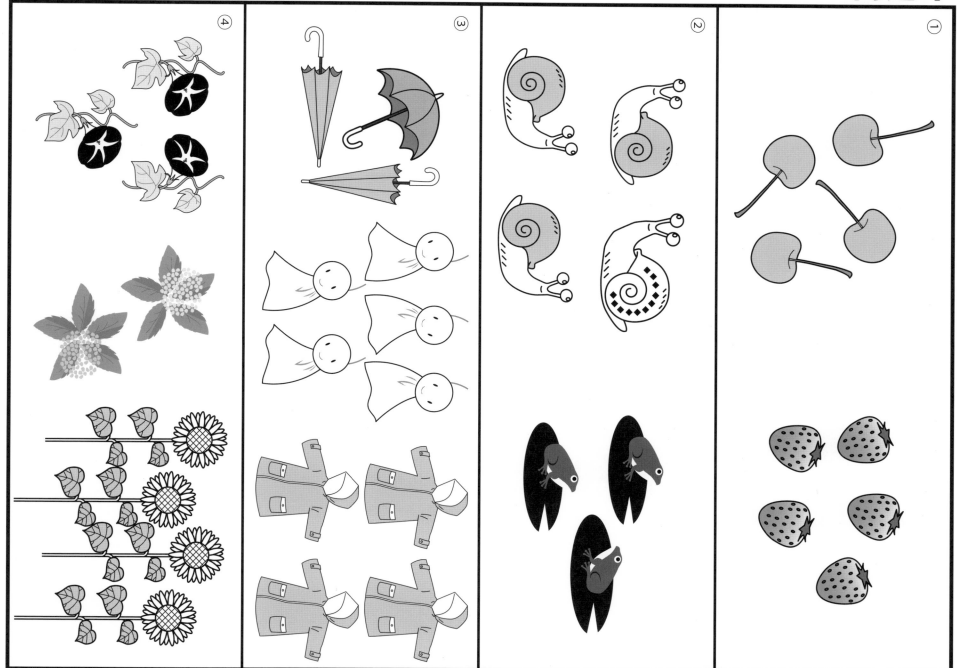

日本学習図書株式会社

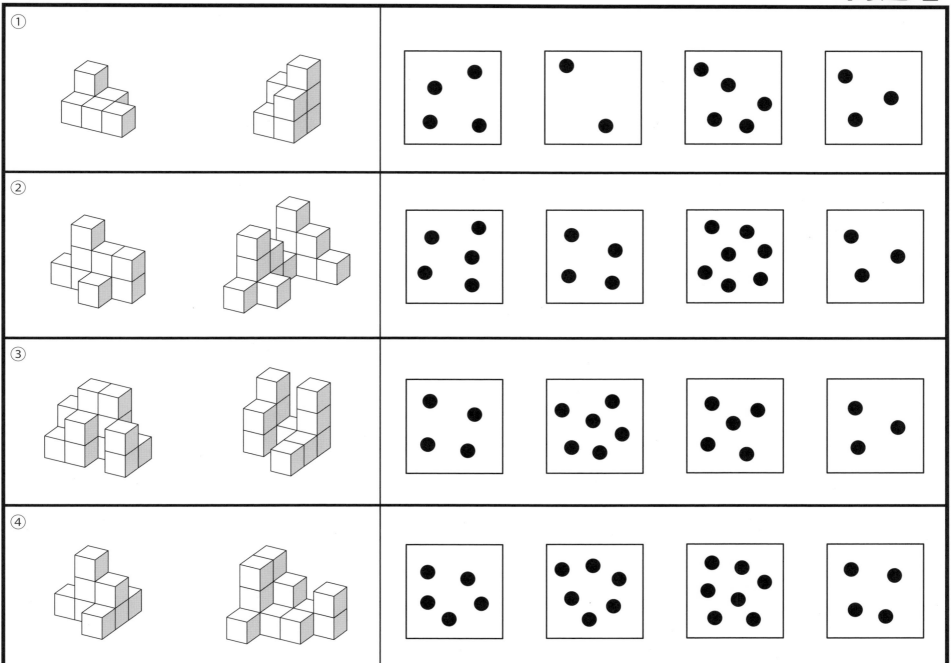

日本学習図書株式会社

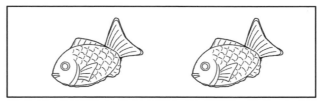

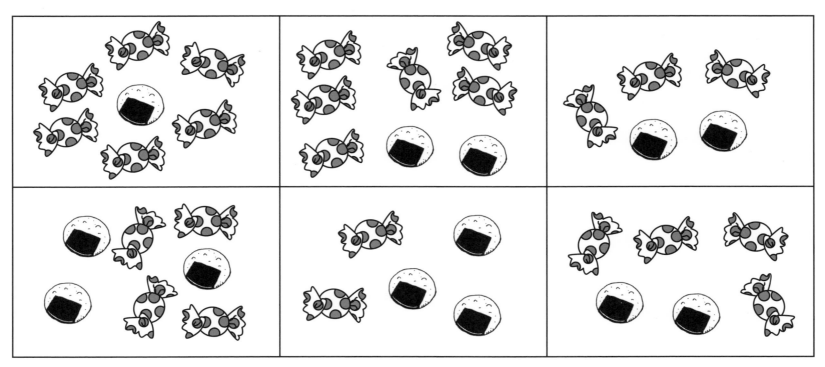

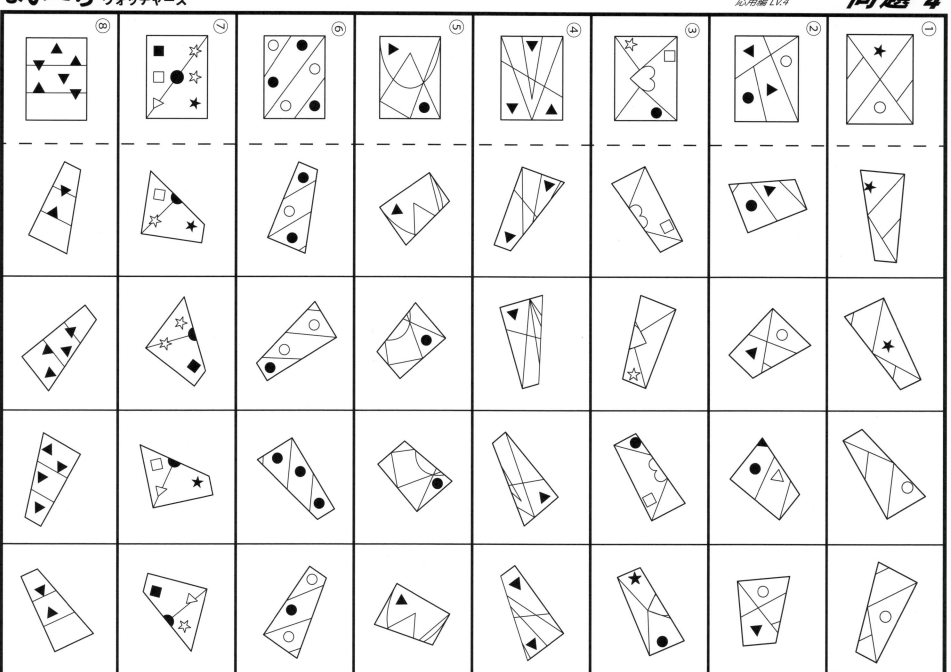

日本学習図書株式会社

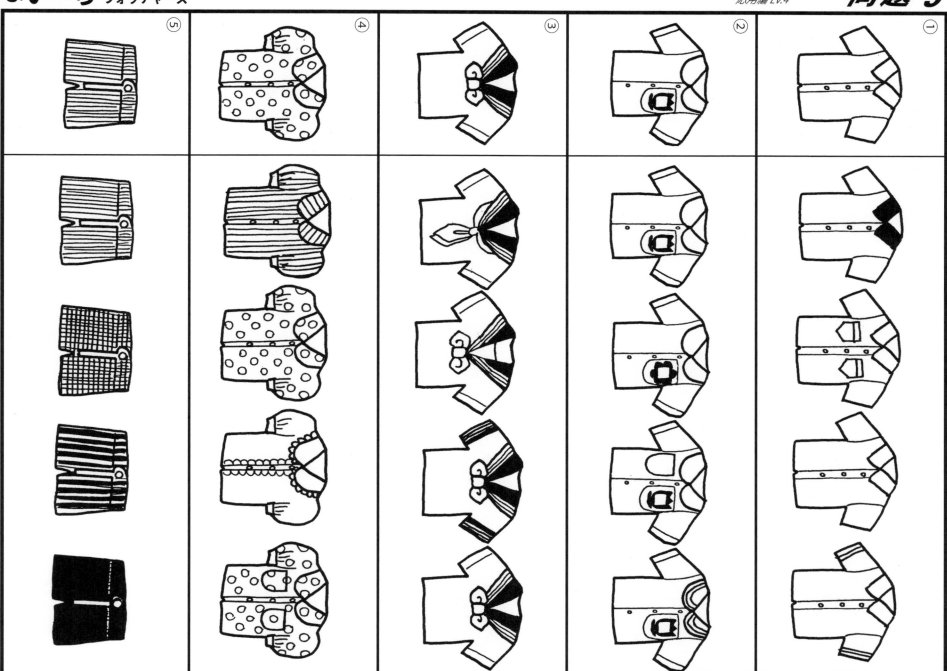

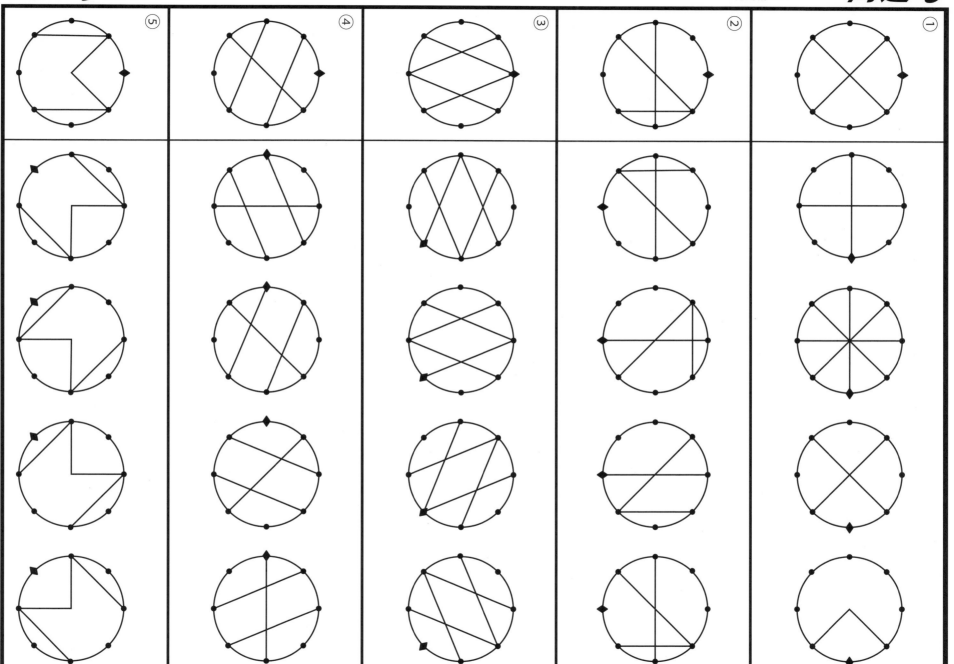

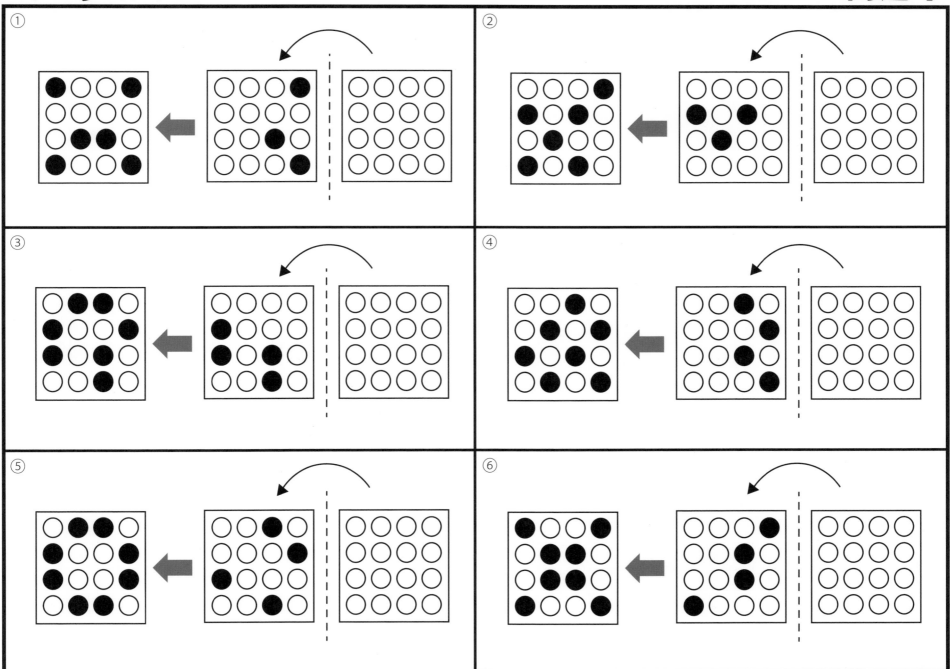

日本学習図書株式会社

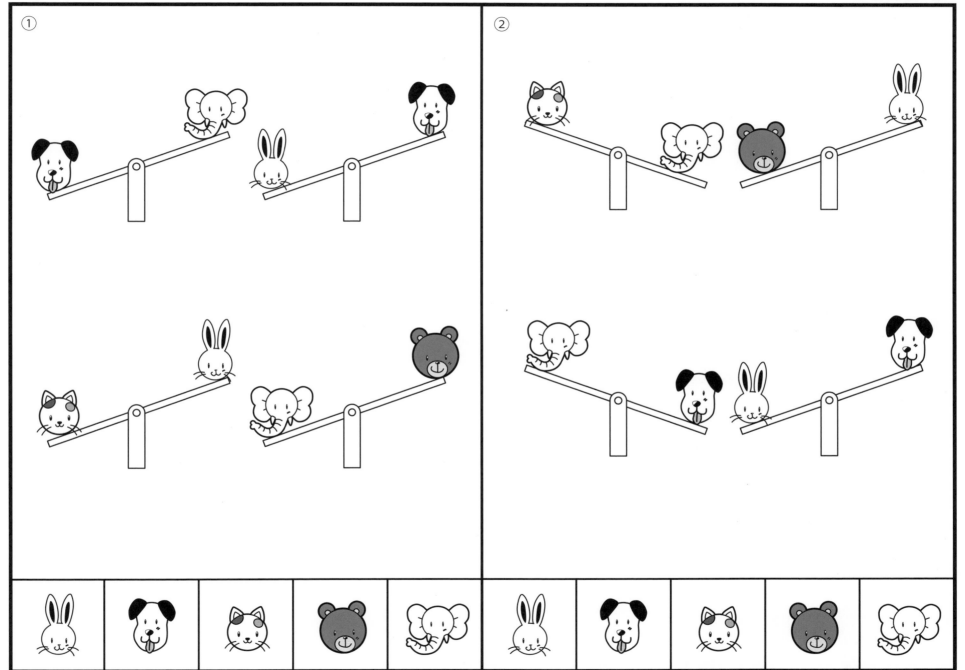

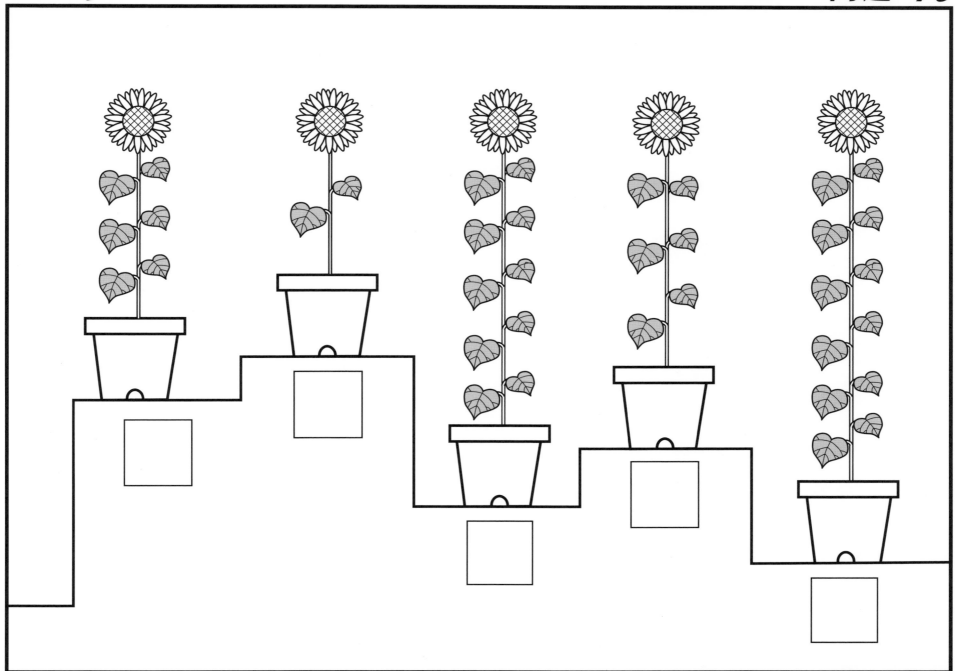

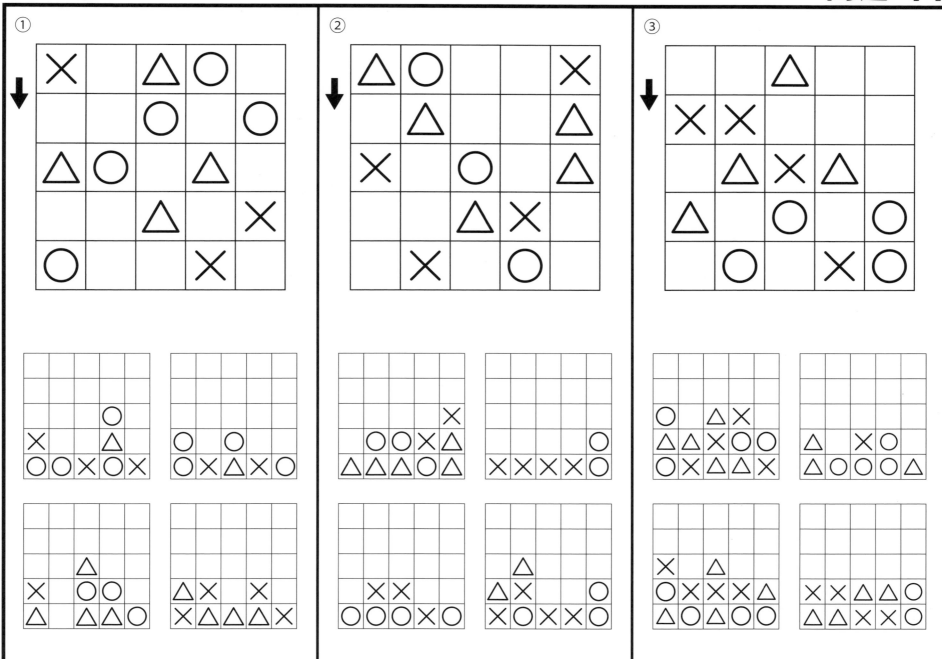

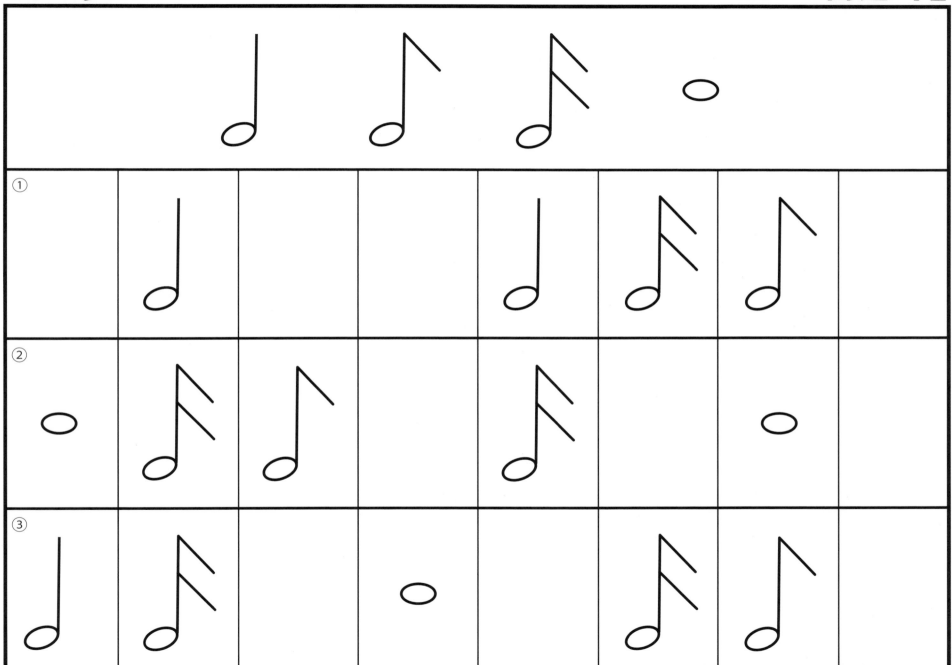

問題 13

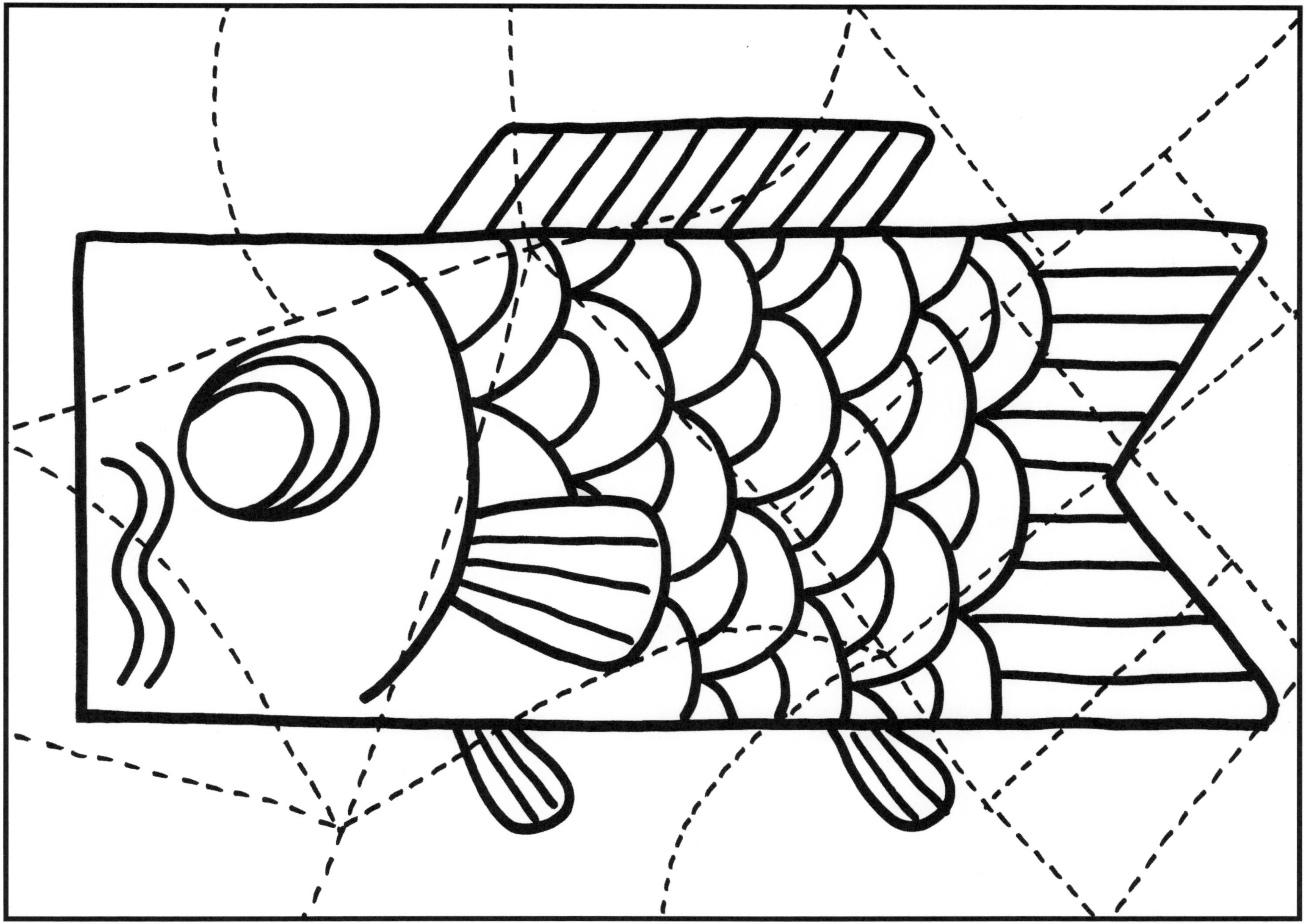

日本学習図書株式会社

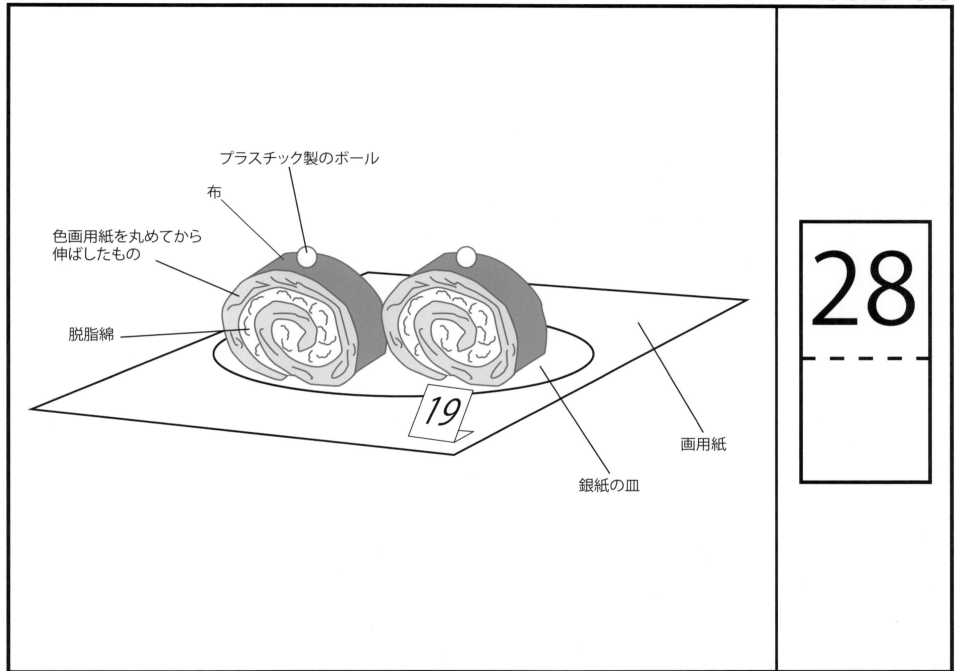

プラスチック製のボール

布

色画用紙を丸めてから
伸ばしたもの

脱脂綿

画用紙

銀紙の皿

19

28

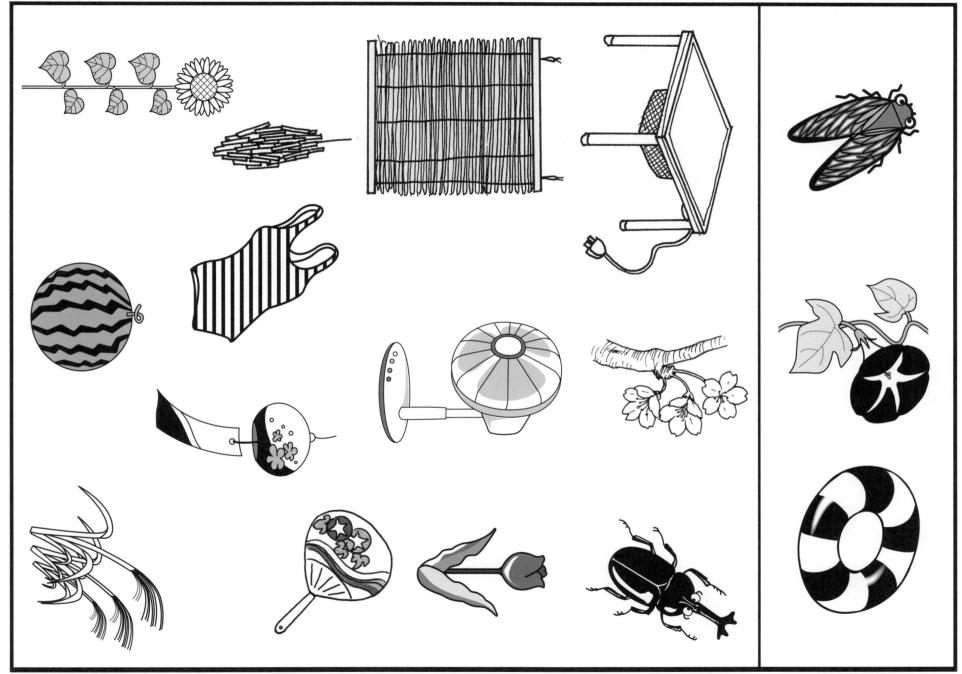

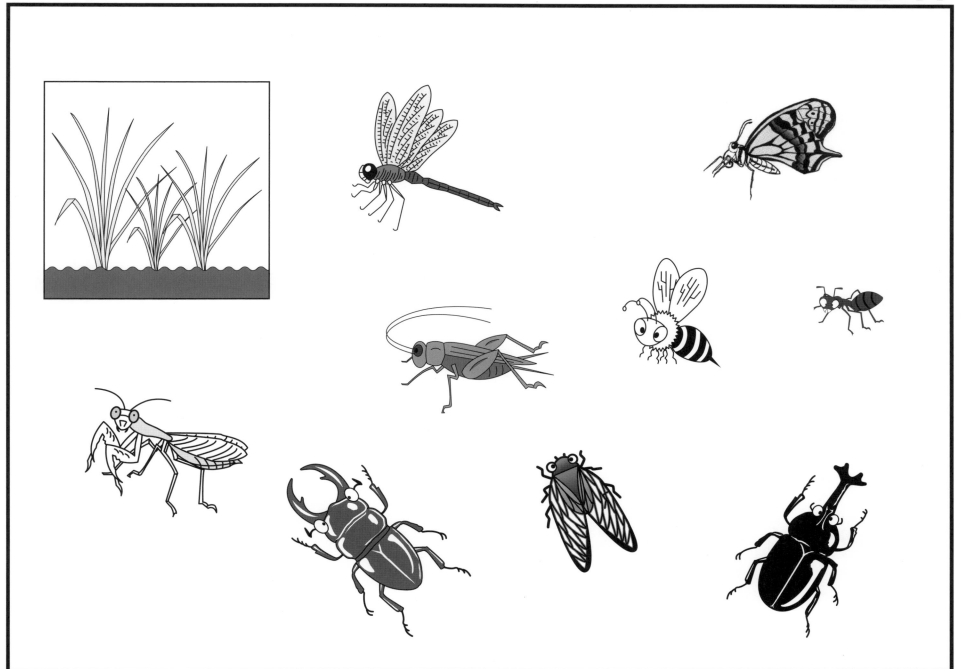

日本学習図書株式会社

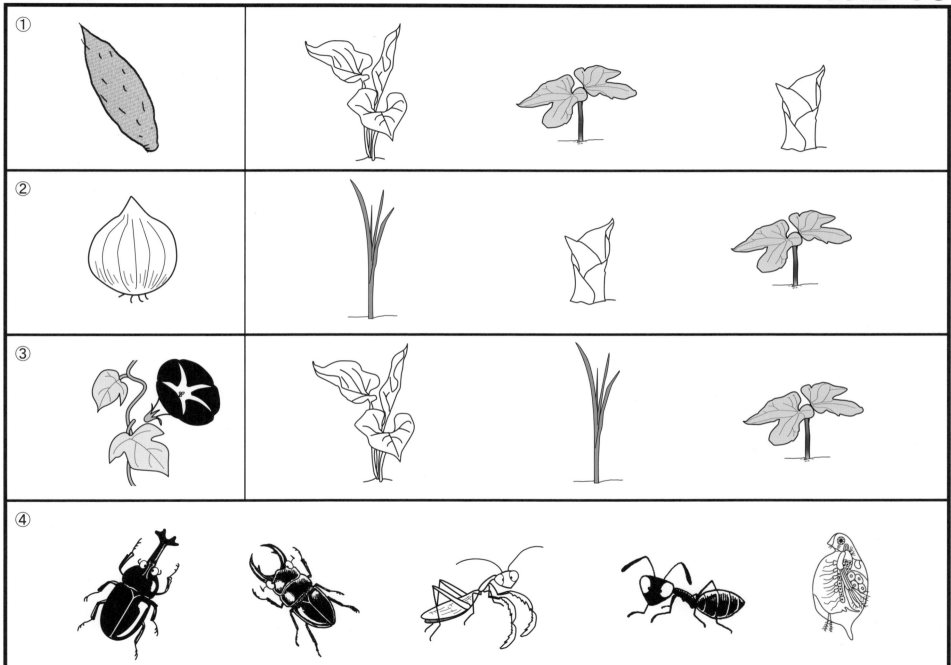

日本学習図書株式会社

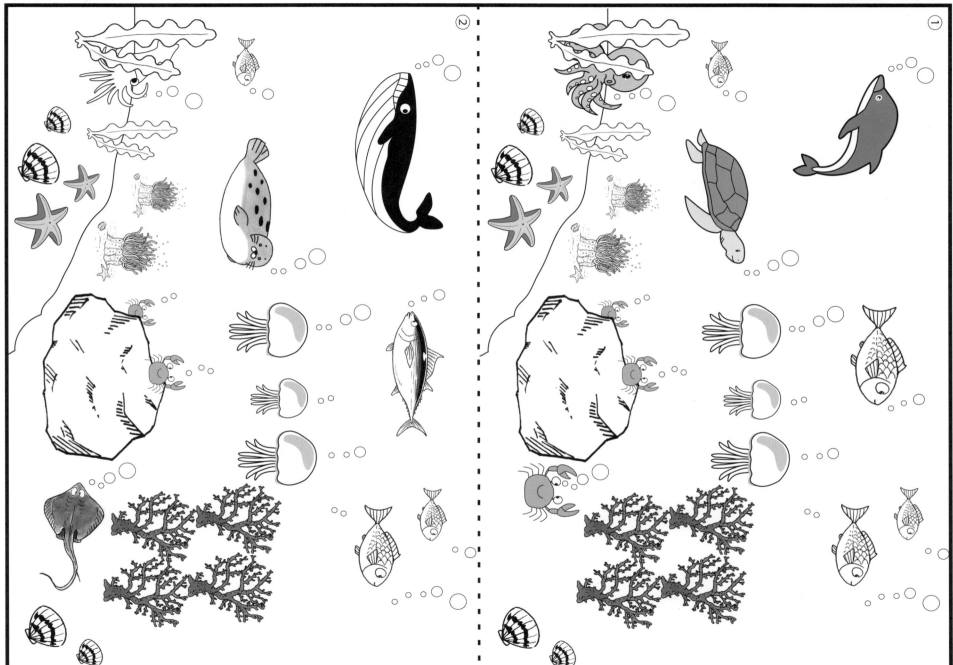

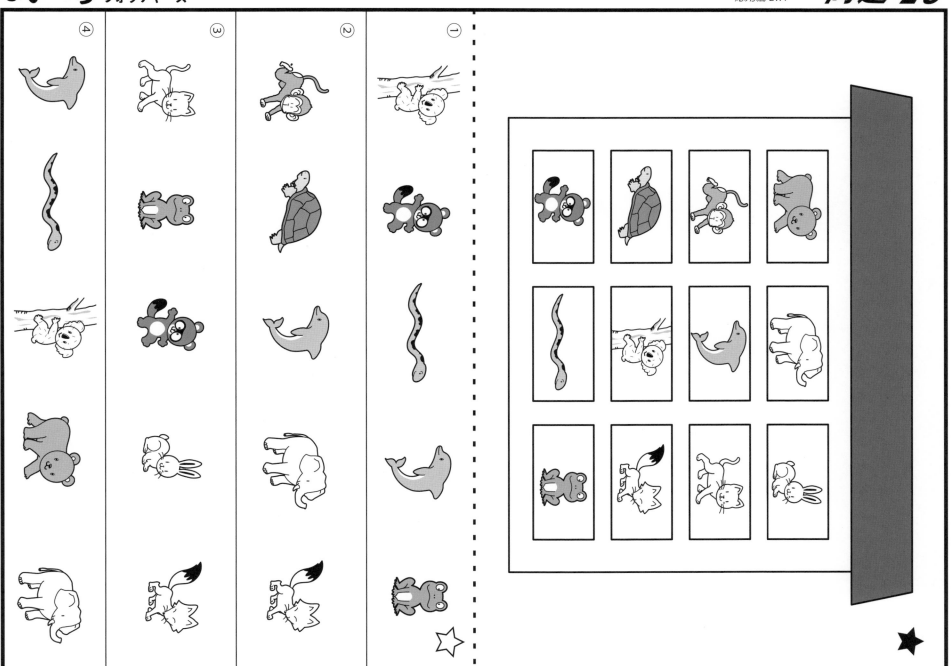

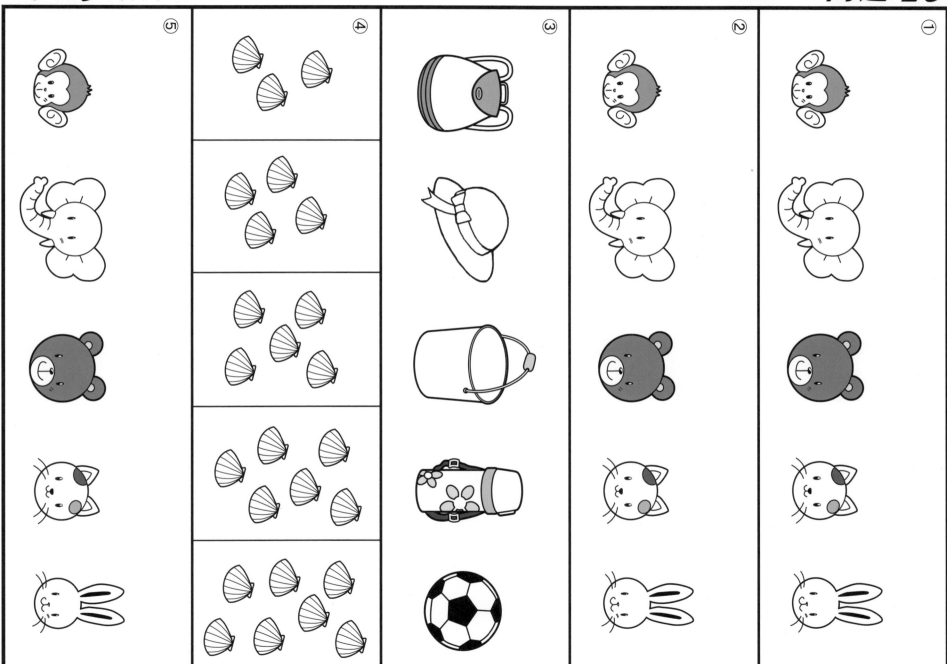

お手本

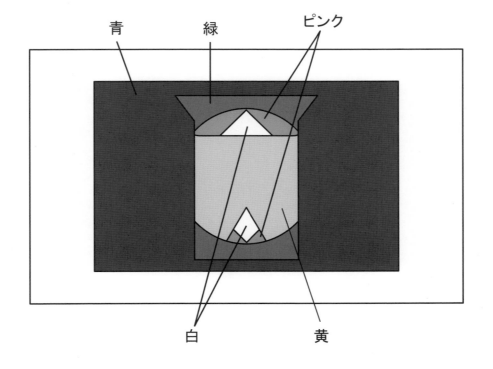

青　　　緑　　　ピンク

白　　　黄

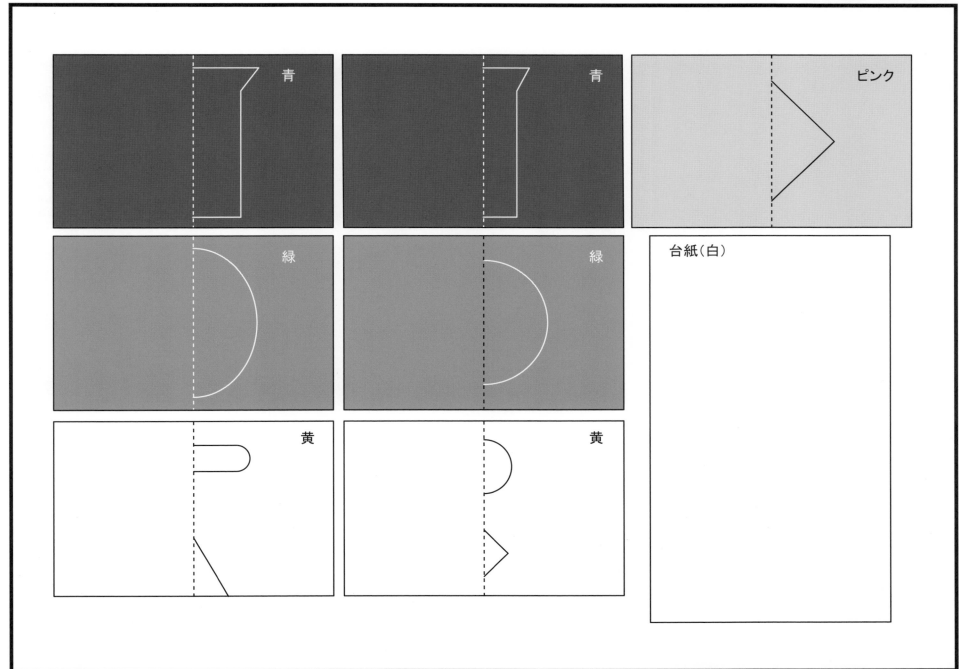

青

青

ピンク

緑

緑

台紙（白）

黄

黄

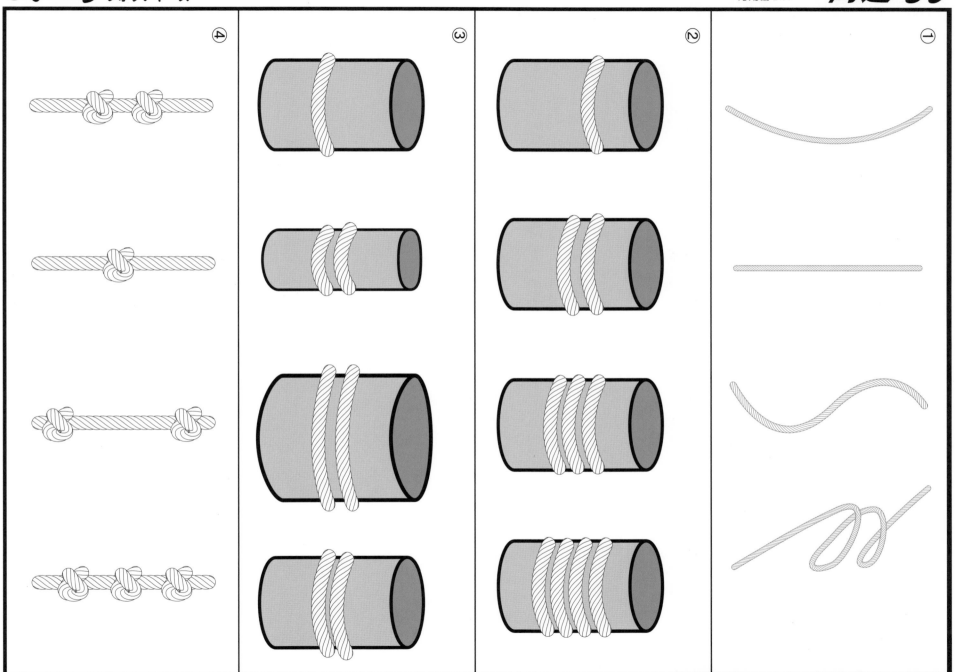

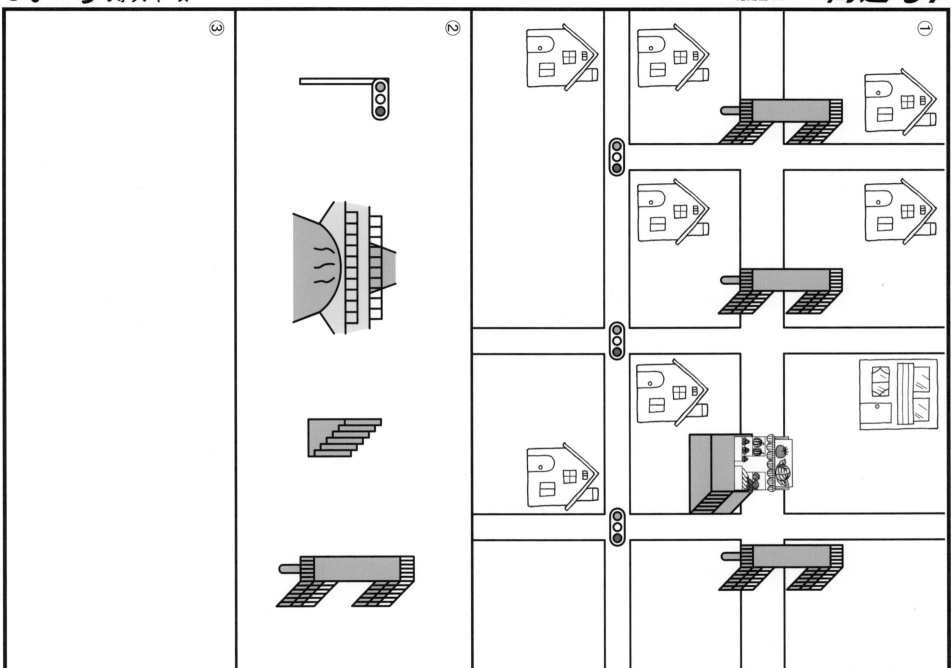

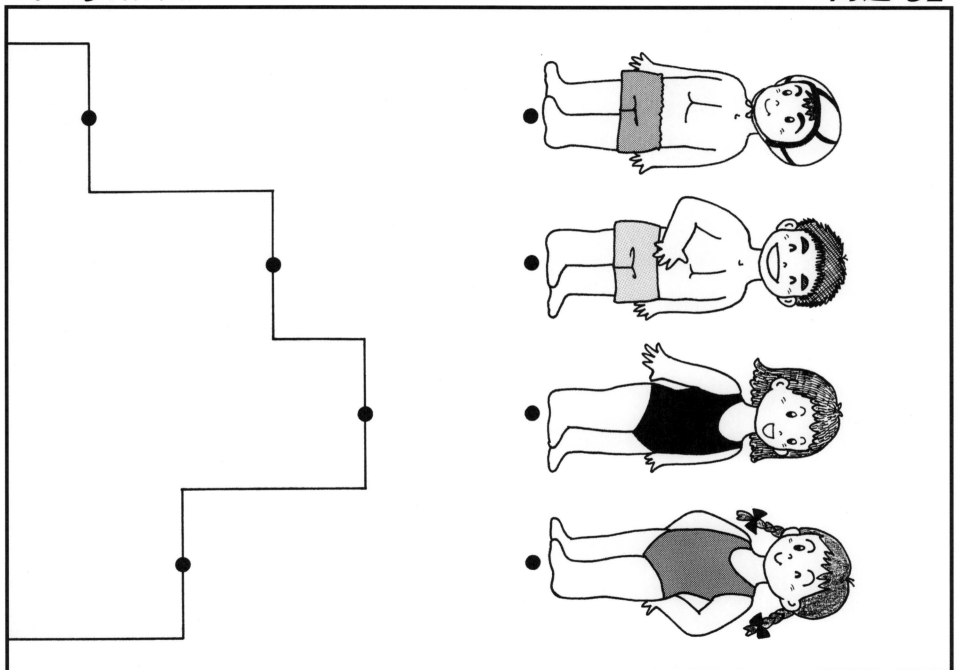

日本学習図書株式会社